Lecture rapide

Doublez votre vitesse de lecture et améliorez votre compréhension avec la lecture rapide

par **Luca Corbara**

Sommaire

Luca Corbara

INTRODUCTION

De nos jours, nous sommes de plus en
plus poussés à acquérir et à développer
des connaissances rapidement. La
plupart des informations sont intégrées
par le biais de la lecture. Partout les
prétentions augmentent, que cela soit
dans la vie privée, professionnelle ou
dans les études.

Lecture rapide

La lecture rapide ne convient pas uniquement aux élèves et aux étudiants qui se retrouvent face à un tas de livres. Elle convient également à ceux qui travaillent déjà et qui ont besoin de stocker beaucoup d'informations. Ainsi, nous perdons vite tout le plaisir de la lecture, notamment lorsque le temps presse. Une fois surmonté le tas de livres, souvent il nous faut dire : un pas en arrière ! De quoi parlait-il, le dernier chapitre ? Alors que vous vous plongez à nouveau dans les pages, un autre tas de choses à lire commence à se cumuler, et vous risquez presque de vous effondrer. Le prochain séminaire ou une conférence importante vous attendent et vous ne savez pas comment faire pour stocker toutes ces informations en si peu de temps. Le café ou les boissons énergisantes ne servent pas à grand-chose. Vous devenez nerveux et irritable car vous devez travailler pendant le week-end, tandis que les autres peuvent se reposer.

La technique de la lecture rapide est également utile dans la vie privée. Combien de romans sont abandonnés sur les étagères tout simplement parce que vous ne trouvez pas le temps de les lire ? Savoir lire de manière rapide et efficace serait la corde parfaite pour escalader rapidement la montagne « littérature ». Les avantages sont bien visibles : grâce à la lecture rapide, vous pourrez acquérir des connaissances et les développer en peu de temps.

Qu'est-ce que la lecture rapide ?

La lecture rapide (ou *speed reading* en anglais) n'est pas de la magie mais une technique que tout le monde peut apprendre. Le secret de la lecture rapide repose dans l'action de se débarrasser des pratiques de lecture que nous avons adoptées jusqu'à présent. Vous apprendrez à nouveau à lire, tout en découvrant des techniques qui vous permettrons de doubler votre vitesse de lecture.

La lecture rapide offre plusieurs autres avantages. Pour lire, vous devez améliorer votre capacité de concentration. Après un certain temps, se concentrer sur un texte devient de plus en plus difficile. Vous vous fatiguez, votre esprit commence à vagabonder et vous vous souvenez à peine de ce que vous avez effectivement lu. La lecture rapide améliore non seulement la vitesse de lecture mais aussi la capacité de concentration et d'acquisition.

Améliorer la vitesse et l'efficacité, est-ce vraiment possible ? N'y a-t-il pas de perte d'informations lorsque l'on survole

Lecture rapide

un texte ? Peut-on stocker et garder toutes les informations ? Oui, cela fonctionne, car la lecture rapide n'est pas une lecture superficielle.

Luca Corbara

Reconnaître les mauvaises habitudes

Vu les avantages de la lecture rapide, on peut dès lors se demander pourquoi vous n'avez jamais pensé apprendre cette technique et vous l'approprier. La réponse est simple. Vous avez un « défaut de lecture » qui remonte à l'âge de l'école.

La plus grande erreur est la « lecture dans sa tête ». En primaire, on vous a appris à lire lettre par lettre, en formant ainsi un mot, et à le prononcer à voix haute. La prononciation mentale ou à voix haute a une utilité pour celui qui est en train d'apprendre mais pas pour celui qui sait déjà lire. Cette voix supplémentaire réduit la capacité d'acquisition et diminue la vitesse de lecture.

La deuxième mauvaise habitude est le retour en arrière dans un texte. Vous savez sans aucun doute de quoi il s'agit. Vous lisez un texte, votre attention diminue et, en un instant, vous avez perdu le fil. Vous revenez donc en arrière dans le texte pour le rattraper, mais vous avez du mal à le retrouver. Le retour continu en arrière diminue énormément la capacité d'acquisition et de concentration. Au lieu de retrouver le fil de vos pensées, vous finissez par vous embrouiller et vous perdez du temps.

Est-ce trop demander ? Pas du tout, vous n'utilisez pas votre cerveau au maximum ! Au contraire, les cellules grises s'ennuient. Votre cerveau est bien plus capable de ce que vous ne le croyez. Il a juste besoin d'être stimulé davantage, de sorte qu'il ne commence pas à papillonner. Une autre fausse croyance repose sur le champ de vision limité et sur la focalisation sur un mot à la fois. Un lecteur expérimenté, au contraire, élargit son champ de vision, il ne lit pas chaque mot mais saisit la signification par unité de sens. Autrement dit, grâce à la lecture rapide vous vous débarrasserez de toutes les mauvaises habitudes que vous avez adoptées à l'école.

Avant de vous lancer dans l'aventure de la lecture rapide, vous devez déterminer

Lecture rapide

combien de temps il vous faut pour lire. La vitesse de lecture est mesurée en mots par minute (MPM). Cela vous servira aussi de moniteur de suivi d'activité vous permettant de mesurer vos progrès.

Petit conseil, imprimez un texte. Prenez un chronomètre, celui de votre portable par exemple, et marquez le point où vous êtes arrivé en lisant après une minute. Au lieu de compter les mots un par un, vous pouvez les sélectionner dans le logiciel d'écriture de votre ordinateur et regarder le nombre total de mots. N'oubliez pas de noter le résultat.

Luca Corbara

Leçon 1 : évitez les
sauts en arrière

Dans cette première leçon vous
apprendrez à éviter les sauts en arrière.
Ceci est un réflexe inconditionné. Le
lecteur revient en arrière lorsqu'il croit
ne pas avoir compris le texte. En général,
cette attitude n'aide pas à mieux
comprendre le texte, que cela soit fait
consciemment ou inconsciemment. Cela
demande du temps, et le temps est à
économiser lors de la lecture rapide.

Il ne faut pas sous-estimer les sauts en

arrière. Lorsque vous lisez mot par mot et que vous revenez en arrière, vous faites un effort inutile pour que les informations arrivent à vos cellules grises. Même s'il s'agit de quelques secondes perdues sur une seule ligne, les secondes se cumulent jusqu'à devenir des heures entières.

Cette méthode improductive résulte d'un sentiment d'insécurité, à savoir la fausse croyance de ne pas avoir compris le texte. Et voici que votre subconscient vous joue des tours, car il vous fait croire que vous ne pouvez pas tout comprendre en survolant un texte. Mais ce n'est pas du tout vrai. Donnez-vous une chance ! Souvent on peut déduire le sens d'un texte selon le contexte.

Pour avoir le dessus sur les sauts en arrière, vous ne devrez éliminer aucune mauvaise habitude. Au contraire, vous devrez la faire revivre. Sur les bancs de l'école vous utilisiez votre doigt en guise de support pour passer d'un mot à l'autre.

C'est exactement cette aide à la lecture que vous devrez réactiver. Par contre, au lieu de votre index, vous utiliserez maintenant un support mécanique, tel qu'un crayon ou un outil similaire.

Exercice leçon 1

Veuillez procéder ainsi :

Lisez le texte ci-dessous. Ne vous étonnez pas si le contenu vous semble un peu difficile à comprendre. Même s'il s'agit d'un simple exercice, c'est quand même une base pour apprendre à lire rapidement. Le but est d'éviter les sauts en arrière. Vous apprendrez à surveiller votre support de lecture. Dès que vous

Lecture rapide

perdez de vue le support, arrêtez-vous un
instant et focalisez-vous à nouveau sur
celui-ci.

Lorem ipsum dolor s itamet,
consectetu era dipiscingelit, sed
diam non nummae nihi
eusismodtinc iduntut lavoret dolore
magna aliquam erat volutpat. Ut
wisienim ad minim veniam, quis
nostrum exercitation. Duis
autemvelosieumiriure. Dolor in
hendrerit in vulputatevelit esse
molestie consequat,
velillumdoloreeufugiatnullafacilisis
at veroeros et accumsan et
iustoodiodignissimquiblanditpraes
entluptatumzerildelenitaugueduisd
olorefugitfacilisi. Lorem ipsum
dolor si tamet, consectetuera
dipiscingelit. Lorem ipsum dolor si

tamet ut wisienim ad minim
veniam, quis nostrum exercitation.

S'il vous est arrivé quelques fois de perdre le contact visuel et que le crayon allait trop vite ou trop lentement par rapport à vous, ne vous inquiétez pas, cela arrive à tout le monde. Il faut bien s'entraîner pour apprendre à maintenir le contact visuel.

Lisez à nouveau le texte jusqu'à ce que vous arriviez à faire défiler les lignes tranquillement et que votre crayon vous guide dans la lecture. Assurez-vous que le mouvement du crayon et votre regard sont bien synchronisés.
Entraînez-vous jusqu'à intérioriser la méthode de lecture avec l'outil de support.

Leçon 2 : le lecteur imaginaire

Une fois le premier exercice intériorisé, vous pourrez passer à un texte avec du « vrai » contenu. En plus d'être une aide à la mémorisation, l'outil de support surveille également le lecteur imaginaire, c'est-à-dire votre voix intérieure qui lit. Les sauts en arrière dans le texte diminuent sensiblement la vitesse de lecture et la capacité de concentration, puisque les informations n'arrivent pas directement aux cellules grises. Avant d'arriver à votre cerveau, le sens d'un texte doit être formulé dans la tête ou à voix haute. Ensuite, votre oreille devra l'intégrer. Dans tout cela, le cerveau a beaucoup de travail à faire puisqu'il doit faire passer les informations à travers plusieurs canaux tels que les yeux, la bouche et les oreilles. Lorsqu'on transpose un mot oralement et que l'on n'obtient une réaction qu'après, on perd un temps précieux.

Mais, en même temps, vous êtes tellement habitué à votre lecteur imaginaire que vous ne l'apercevez même pas. Ou bien, il est si ancré dans votre tête au point de ne pas pouvoir le chasser facilement. Et qui s'en soucie ? Vous pouvez très bien vous en passer. Voici un petit exemple. Lorsque vous conduisez, vous vous arrêtez automatiquement au stop et vous ne

Lecture rapide

lisez pas du tout dans votre tête ce qui est marqué dessus. Face à un stop vous réagissez immédiatement parce que le panneau vous est familier.

La lecture d'un texte fonctionne de la même manière. Vous ne lisez pas une lettre à la fois mais vous concevez le mot dans son ensemble. Plus vous vous entraînez, plus votre capacité de concevoir les mots dans leur ensemble augmente, ainsi que votre capacité de saisir le sens d'un mot ou d'un texte. Voici maintenant un test à ce propos. Lisez le paragraphe suivant.

L'odrre des ltteers dans un mot n'a pas d'ipmrotncae, la suele coshe ipmrotnate est que la pmeirère et la drenèire soeint à la bnnoe pclae.

21

Luca Corbara

L'ordre des lettres dans un mot n'a pas d'importance, la seule chose importante est que la première et la dernière soient à la bonne place.

Vous pouvez déduire le sens d'un mot même lorsque les lettres ne sont pas en ordre, parce que vous connaissez déjà le mot. Comment expliquer ce phénomène ? Était-il donc inutile de se mettre au travail à l'école pour apprendre à lire, l'ordre des lettres n'étant pas important ? Pas du tout, parce qu'il vous fallait apprendre les mots à l'époque. Aujourd'hui vous n'avez plus à le faire, parce que vous comprenez déjà leur sens.

La conclusion est très simple. Plus vous lisez, plus vous vous familiariserez avec les mots. Plus les mots vous sont familiers, plus vite vous liserez et vous

Lecture rapide

pourrez lire davantage.

Exercice leçon 2 – Assez de théorie, on passe à la pratique

Prenez votre crayon et lisez un texte à intervalles de 10 minutes.

En faisant cela, suivez votre crayon du regard. Le simple fait de vous concentrer sur celui-ci repoussera votre lecteur imaginaire. Essayez de surveiller délibérément les sauts en arrière.

Encore un conseil. Si le lecteur imaginaire résiste beaucoup et qu'il continue de lire mot par mot, au début de l'exercice vous pouvez « gargouiller »

un peu ou prononcer des syllabes comme
«dabadum...dibdib ». De cette manière
vous empêcherez la formulation de
chaque mot et vous apprendrez à
comprendre le texte sans la voix dans
votre tête.

Leçon 3 : accélérer le rythme

Une autre mauvaise habitude est lire lentement, le speed reading consistant à passer de la lecture lente à la lecture rapide. À l'école vous avez appris à lire lentement et à séparer les mots, en vous habituant ainsi à la lenteur. N'oubliez pas que votre subconscient veut vous convaincre à tout prix que, si vous lisez vite les lignes, d'importantes informations vous échapperont. Mais ce n'est pas du tout vrai. On ne comprend pas un texte en lisant mot par mot. Votre cerveau conçoit un texte par unités contenant une signification. Ce n'est pas donc conçu par mots isolés, mais dans son ensemble.

Le contenu d'un texte est facile à comprendre si ses informations sont tassées les unes à côté des autres. Un texte avec des phrases courtes dont les informations sont données de façon directe est plus facile à digérer qu'un texte dont les concepts sont répartis dans différentes pages. Si le sens d'un texte se saisit uniquement après avoir lu une page entière, il faut un peu de temps avant d'intégrer et de comprendre son contenu.

Il suffit de penser aux textes spécialisés ou aux romans sans fin. Dans ces cas-là, il n'est pas rare d'en saisir le sens qu'après quelques paragraphes. Comment donc aller droit au but ? La solution est très simple, il vous faudra lire plus rapidement !

Dans le prochain exercice vous apprendrez à accélérer sensiblement votre rythme de lecture. Tout comme un dactylo peut taper plusieurs signes par minute, vous pouvez accélérer votre rythme de lecture.

Ne sous-estimez pas votre cerveau ! Il peut faire plus de ce que vous croyez. Maintenant vous le savez : si les cellules grises n'exploitent pas leur potentiel, elles se retirent. Toujours sceptique ? Lancez-vous immédiatement dans un exercice pour le vérifier :

Exercice leçon 3

Choisissez un texte facile à comprendre. Lisez pendant 1 minute et comptez les mots que vous avez lus. Pour ce faire, l'idéal serait d'utiliser la méthode que vous utilisée pour calculer votre MPM (mots par minute). Lisez le texte à votre rythme de lecture normal. Utilisez votre outil de support pour vous aider dans la lecture, et essayez d'éviter les sauts en arrière (leçon 1) et le lecteur imaginaire (leçon 2). Notez le nombre de mots.

C'est fait ? Très bien. Lisez le texte encore une fois et essayez en même temps d'augmenter votre vitesse de 100 mots par minute.
Répétez l'exercice et essayez d'augmenter le MPM de 100 à chaque fois.

Répétez-le jusqu'à ce que le nombre de MPM double. Vous vous étonnerez de la vitesse à laquelle votre cerveau peut élaborer un texte. Mais il peut faire encore mieux !

Lecture rapide

Leçon 4 : le compte à rebours

Dans cette leçon nous nous occuperons à nouveau d'accélérer votre vitesse de lecture. Vous apprendrez également à renforcer la confiance dans vos capacités. Grâce à cet exercice vous augmenterez non seulement votre rythme de lecture mais aussi votre capacité de concentration. Il s'agit d'un exercice de base que vous pourrez ensuite combiner avec d'autres méthodes. Afin d'améliorer vos capacités de lecture, il est important de bien intégrer cet exercice.

Exercice leçon 4

Tout d'abord, choisissez un texte facile à comprendre, l'extrait d'un roman par exemple. Lisez le texte pendant 5 minutes et notez le point où vous êtes arrivé. Pour calculer le temps vous pouvez utiliser le minuteur de votre portable.

Pour la deuxième phase, réglez le minuteur à 3 minutes. Tout en lisant, augmentez votre rythme de lecture afin d'arriver au même point dans le texte où vous étiez auparavant. Si vous avez l'impression de ne pas comprendre ce que vous lisez, faites confiance à votre cerveau.

Lecture rapide

Vous avez réussi ? Vous pouvez maintenant affronter le prochain obstacle. Réglez le minuteur à 1 minute et essayez à nouveau d'arriver au point que vous avez noté. N'ayez pas peur. Même si cela vous paraît impossible, vous serez étonné de voir jusqu'à où vous pourrez arriver.

Grâce à cet exercice vous augmenterez énormément votre rythme de lecture. Vous pourrez mesurer vos progrès simplement en termes de temps. Lisez à nouveau le texte et donnez-vous 3 minutes pour le faire. Cette fois-ci vous verrez que vous irez beaucoup plus loin en seulement 3 minutes.

Luca Corbara

Leçon 5 : apprenez à économiser

Dans les leçons précédentes vous avez appris à augmenter sensiblement votre rythme de lecture. Cet exercice porte plutôt sur les économies. Vous apprendrez à élargir votre champ de vision. Comme déjà mentionné, se concentrer sur chaque mot diminue la vitesse de lecture. L'objectif de cet exercice sera donc d'augmenter le rayon de votre champ de vision.

Lecture rapide

Pour ce faire, il vous faudra préparer un texte et le bricoler un peu, en quelque sorte. Choisissez un texte au format numérique et mettez un mot en majuscule. Ensuite, imprimez le texte et coupez deux bandes de papier dont vous aurez besoin pour couvrir des mots lors de l'exercice.

Exercice 1 leçon 5

On y va :

Avec les bandes de papier, couvrez les mots qui se trouvent à droite et à gauche du mot en majuscule. Ensuite, prenez votre support de lecture (un crayon, par exemple) et focalisez-vous sur ce mot. Faites donc glisser lentement les bandes de papier vers les côtés, tout en gardant les yeux sur le mot en majuscule. Surveillez combien de mots vous réussissez à saisir avec vos yeux à droite et à gauche, sans jamais détourner le regard du mot choisi.

Grâce à cet exercice vous remarquerez qu'il est possible de saisir même les mots qui se trouvent aux côtés de celui sur lequel vous vous êtes focalisé. Une découverte banale mais importante pour la lecture rapide. Et cela vous permet d'utiliser votre crayon ou tout autre support de façon plus flexible.

Le crayon ne doit pas bouger du début jusqu'à la fin de chaque ligne. Votre champ de vision est si ample que vous pouvez même percevoir les mots sans les fixer. Pour chaque ligne vous pouvez facilement économiser au moins 1 ou 2 centimètres au début comme à la fin. Si pour chaque ligne vous économisez 20%, à la fin de la page vous aurez obtenu une belle somme. Et dans le cas d'un livre technique ou d'un roman, ce potentiel d'économie n'est pas à négliger.

Exercice 2 leçon 5

Effectuez le prochain exercice en vous servant du crayon pour économiser. Tout d'abord, utilisez un texte que vous connaissez déjà. Prenez votre support à la lecture. Placez-le à environ 1 centimètre après le début de la ligne. Il devra arriver à 1 centimètre avant le bout de la ligne. Lisez le texte à votre rythme habituel. S'il vous arrive de retomber dans vos vieilles habitudes de lecture et que vous ne réussissez pas à saisir à la perfection les mots « économisés », soyez patient. On ne se débarrasse pas des mauvaises habitudes comme on fait avec un vieux manteau.

Lisez à nouveau le texte et ensuite

entraînez-vous avec un nouveau passage que vous n'avez jamais lu. Continuez l'exercice ainsi et entraînez-vous à élargir progressivement votre champ de vision.

Leçon 6 : survoler le texte

Vous savez maintenant effectuer l'exercice de lecture rapide de la leçon 4 (méthode du compte à rebours). Vous avez lu un texte en 5 minutes, puis en 3 et enfin en 1. Mais vous avez quand même l'impression que, si vous survoliez le texte, vous ne pourriez retenir que quelques fragments. Il faut changer cela maintenant. Avec cet exercice vous vous apercevrez que vous avez déjà compris plus de ce que vous croyez. Vous apprendrez aussi à mieux saisir le sens d'un texte à une vitesse supérieure.

Exercice leçon 6

Choisissez un texte similaire à celui que vous avez utilisé pour l'exercice 4. Par contre, il ne faut pas connaître son contenu. Choisissez une partie du texte de la même longueur que celle de l'exercice 4. Notez où finit la partie choisie. Maintenant essayez de lire le texte jusqu'à votre signe en 1 minute. Pour ce faire, réglez le minuteur de votre portable à 1 minute. Utilisez votre support à la lecture et veillez à respecter les marges comme vous l'avez appris au cours de la leçon 5.

Avez-vous réussi à arriver au nœud de la question dans le texte ? Pouvez-vous vous souvenir des points principaux ?

Lecture rapide

Ou, après cette course contre le temps, vous semble-t-il d'avoir uniquement survolé le texte de façon superficielle ? C'est facile à découvrir. Notez sur une grande feuille les points clés que vous avez mémorisés. Distribuez vos idées sur la feuille de sorte que vous puissiez les compléter dans un deuxième temps. Si vous savez plus au moins ce que vous venez de lire, vous avez effectué cet exercice mieux que vous ne le pensez.

Maintenant, réglez le minuteur à 3 minutes et lisez à nouveau le même texte. Essayez de le lire le plus rapidement possible afin d'arriver à votre signe. Encore une fois, utilisez toutes les méthodes que vous avez apprises jusqu'à présent.

Après avoir lu, vous vous sentirez sûrement éclairé, parce que vous aurez compris beaucoup plus par rapport à la première lecture. Peut-être vous êtes-vous souvenu d'informations que vous n'avez même pas notées. Maintenant complétez vos notes.

Pour la prochaine lecture, réglez le minuteur à 5 minutes. Essayez à nouveau de lire à un rythme tel que vous pourrez arriver au signe à la fin du texte une fois le temps expiré.

Avez-vous dû modérer votre rythme ? Oui, probablement. Mais il est encore plus intéressant de se demander : ai-je réussi à extraire le plus d'informations maintenant que pendant les 3 minutes précédentes ? À moins que vous ne soyez pas devenu plus intelligent, cela signifie que vous avez désormais la lecture rapide en poche.

Leçon 7 : un métronome pour avoir un rythme

Avec cet exercice vous améliorerez votre technique de lecture rapide en apprenant à utiliser le métronome, un outil pour se donner le rythme. Ne vous inquiétez pas, vous ne devrez le procurer nulle part. Il suffit simplement de télécharger l'application sur votre portable. Recherchez dans l'app store « métronome » et installez une des applications qui s'affichent. Sans doute, se faire dicter son rythme de lecture par un outil ne sera pas facile au début, mais vous serez étonné du résultat !

Exercice leçon 7

Tout d'abord vous devrez définir le nombre de battements à régler. Procédez ainsi : choisissez un passage d'un livre facile à comprendre et comptez le nombre de mots sur 5 lignes. Divisez le nombre par 5. Ensuite, divisez votre vitesse de lecture que vous avez calculée au début du livre par la moyenne des mots par ligne.

Par exemple : vitesse de lecture 300 (MPM) divisée par 13 (mots par ligne) = 23 battements.

Réglez votre métronome et munissez-vous de votre crayon. Commencez par

Lecture rapide

lire et essayez de passer à la ligne suivante à chaque battement. Cet exercice ne vous permettra pas de déterminer combien vous lisez en un certain délai. L'objectif est d'apprendre à lire rythmiquement.

Lorsque vous vous serez habitué au métronome, répétez l'exercice en augmentant le battement de 5 unités. Une fois le rythme pris, augmentez le battement de 5 autres unités jusqu'à ce que votre vitesse de lecture double. Si vous avez donc commencé par 23 battements par minute, vous devrez les augmenter plus au moins jusqu'à 45.

Même si vous avez l'impression de ne plus comprendre le texte, continuez. Comme vous l'avez vu dans l'exercice précédent, vous pourrez adapter petit à petit votre capacité d'acquisition lorsque la vitesse de lecture augmente.

Mais attention ! Faites une pause après 30 minutes pour reposer vos yeux. Lorsque vous vous serez habitué au métronome, vous pourrez passer à une typologie de littérature plus complexe. Dans le cas de textes très compliqués, vous pourrez diminuer légèrement la vitesse.

Une fois en synchronisation avec le rythme, vous constaterez que vous êtes en train de lire avec un certain rythme. Et c'est justement le but de cet exercice, développer un rythme de lecture. Celui-ci vous permet de garder une vitesse constante, ce qui a plusieurs avantages. Vos yeux et votre crayon seront synchronisés et votre vitesse de lecture restera constante.

Leçon 8 : la double lecture

Dans cette leçon nous utiliserons et développerons la vision périphérique. Comme vous avez pu le constater, vous pouvez augmenter votre focalisation et capter des mots qui se trouvent à droite et à gauche d'un mot fixé (leçon 5 – faire des économies). Maintenant vous pourrez améliorer cette capacité en lisant deux lignes simultanément. Cela vous semblera peut-être un défi impossible à relever, mais en réalité vous utilisez cette compétence tous les jours. Lorsque vous lisez l'affiche d'un événement, vous ne lisez pas ligne par ligne mais vous repérez l'avis de l'événement et les artistes présents, par exemple, et peut-être même la date.

Exercice leçon 8

Commencez cet exercice par un texte simple et à une vitesse de lecture confortable. Faites glisser le crayon sous la deuxième ligne. Lisez tout le passage en sautant toujours une ligne. Suivez votre support de lecture et faites confiance aux capacités de vos cellules grises. N'oubliez pas de garder les marges du début à la fin des lignes.

Lisez à un rythme de 10 minutes et ensuite changez de texte. Une fois cette technique acquise, vous serez capable d'augmenter encore plus votre vitesse en ajoutant un compte à rebours à 3 minutes et puis à 1.

Il se peut qu'au bout de la troisième lecture à un « rythme d'enfer », vous ayez du mal à lire deux lignes simultanément, ou que vos yeux ne puissent plus suivre le rythme. C'est une réaction tout à fait normale. Cette technique demande de l'entraînement. Lorsque vous vous entraînez, assurez-vous que la vitesse de lecture et le rythme que vous avez pratiqué sont gardés. Si vous n'êtes pas synchronisé, servez-vous du métronome.

Si vous avez bien intégré la lecture de textes simples avec cette méthode, vous pouvez passer à autre chose. Cette fois-ci vous pouvez prendre un livre spécialisé ou un texte plus complexe dont vous ne connaissez pas le contenu. Encore une fois, commencez lentement. Lisez pendant 5 minutes et notez là où vous êtes arrivé dans le texte. Ensuite, utilisez la méthode du compte à rebours et augmentez votre vitesse de lecture.

Leçon 9 : la lecture en marche arrière

C'est le moment maintenant d'ajouter la marche arrière. En pratique, cela signifie que vous lirez une ligne de gauche à droite et la suivante de droite à gauche. Cela peut paraître étrange, mais cela fonctionne. La lecture à l'envers est une des méthodes les plus importantes du speed reading. Au cas où vous vous poseriez la question : oui, le but est encore une fois d'économiser du temps.

Lors de la lecture, vos yeux bougent du début de la ligne jusqu'à la fin, pour ensuite sauter de l'autre côté de la page au début de la nouvelle ligne. Cela demande du temps ! Si on perd une seconde par une seule ligne, la somme de l'ensemble des lignes est considérable.

Exercice leçon 9

Procurez-vous un texte avec des lignes assez courtes, comme par exemple un magazine. Lorsque vous expérimentez cette technique, n'oubliez pas de mettre en place les méthodes déjà vues. Utilisez un support à la lecture et n'oubliez pas de laisser une marge du début à la fin de la phrase. Faites attention à votre rythme et votre vitesse.

Une fois arrivé au bout d'une ligne, au lieu de passer au début de la suivante, installez le support à la lecture un peu plus en bas par rapport à là où vous êtes et lisez « à l'envers ». Au début, si vous vous perdez dans la lecture, vous pourrez vous arrêter après deux lignes et recommencer.

Entraînez-vous pendant 10 minutes à un rythme modéré et répétez l'exercice plusieurs fois jusqu'à intégrer la méthode. Une fois cette technique maîtrisée, vous pourrez appliquer cet exercice sur un texte plus complexe. Pour garder votre niveau de vitesse tout en adoptant cette méthode, servez-vous à nouveau du minuteur.

Luca Corbara

Leçon 10 : la courbe en S

Cette technique est pour les véritables experts. Elle inclut aussi bien la lecture sur deux lignes que celle au sens envers. La courbe en S est une combinaison de ces deux méthodes.

Cette technique n'étant pas du tout des plus faciles, n'abandonnez pas tout de suite. Vous souvenez-vous des débuts avec la lecture rapide ? Tel ou tel exercice vous a fait sûrement douter de votre réussite. Maintenant, ce même exercice est devenu « facile ». Ne vous découragez pas.

Vous pourrez vous servir du métronome pour vous aider. Au début, par contre, réglez le battement à une vitesse modérée. Lorsque vous vous sentirez plus à l'aise, vous pourrez augmenter le rythme.

Exercice leçon 10

Choisissez un texte facile à comprendre dont vous ne connaissez pas le contenu. Lisez-le pendant environ 10 minutes à l'aide de la technique de la courbe en S. Placez le support à la lecture sur la deuxième ligne et descendez deux lignes plus loin. Cela signifie que vous devrez commencer par la deuxième ligne, descendre à la quatrième et la lire de droite à gauche. Lorsque vous serez arrivé au début de la quatrième ligne, descendez au début de la sixième et ainsi de suite. Continuez à lire ainsi, comme si vous vouliez dessiner un S. N'oubliez pas de respecter les marges du début à la fin des lignes en faisant glisser votre crayon. Pour obtenir un retour, vous pouvez noter ce qui vous a marqué du contenu du texte.

Ensuite, lisez le texte encore une fois et mettez à jour vos notes si nécessaire. Entraînez-vous dans cette technique pour augmenter progressivement votre vitesse. Une fois à l'aise avec cette méthode, vous pourrez l'appliquer à un texte plus complexe. Entraînez-vous pendant quelques jours jusqu'à bien intégrer la technique de la courbe en S.

Si vous réussissez et que vous voyez que vous retenez bien le contenu du texte à l'aide de vos notes, vous pourrez augmenter votre vitesse de lecture. Pour ce faire, utilisez à nouveau la méthode du compte à rebours.

Lorsque vous aurez intégré cette nouvelle variante de lecture et que vous saurez bien l'employer, vous pourrez la perfectionner et vous lancer dans la lecture de courbes plus amples. Au lieu de sauter deux lignes, vous pourrez en lier 4 ou 5. Commencez par la ligne deux et lisez-la. Ensuite, survolez le paragraphe jusqu'au début de la ligne 7 et lisez-la jusqu'au bout. Depuis ce point, glissez au début de la ligne 9. Veillez toujours à économiser la marge initiale et finale des lignes. Avec cette technique de lecture rapide vous arriverez au sommet du speed reading et serez capable de saisir la signification d'un texte très rapidement.

Conseils et astuces pour renforcer une habitude

Le speed reading fonctionne comme une activité sportive. Si vous vous arrêtez trop longtemps, vous serez rouillé. Prévoyez donc des sessions d'entraînement assez souvent. Afin de maintenir votre niveau ou l'améliorer, la méthode du compte à rebours (leçon 4) est particulièrement adaptée. Lorsque vous la mettez en place, notez toujours le nombre de mots lus. De cette manière vous vous entraînerez et vous aurez un retour sur votre vitesse de lecture. Veillez toujours à ce que le lecteur imaginaire ne ressorte pas. Focalisez-vous sur vous-même lors de la lecture et montrez le carton rouge à la voix dans votre tête.

Pour faire sorte que la lecture rapide soit plus naturelle pour vous, vous devriez intégrer certaines méthodes dans la vie de tous les jours.

L'emploi d'un support à la lecture doit devenir une habitude. De cette manière vous optimiserez et élargirez votre champ de vision. En ce qui concerne la lecture en marche arrière ou la courbe en S, vous pourrez tranquillement vous en servir pour lire les journaux. Pour les lectures décontractées dans votre vie privée, il vous suffira de mettre en place les leçons de 1 à 7. Pour ceux qui ont à intégrer beaucoup de littérature spécialisée ou qui prennent tout simplement plaisir dans la lecture rapide, il vaut mieux s'entraîner de temps en temps avec les exercices avancés des leçons 8 à 10.

Optimiser l'environnement pour ses lectures

L'endroit où l'on travaille est un élément décisif pour la lecture. En effet, l'être humain réagit de manière très forte à l'environnement qui l'entoure. Il ne faut donc pas négliger l'importance de l'environnement où l'on ouvre un livre. Cela se répercute également sur notre vitesse de lecture.

La lecture aux chandelles des textes

spécialisés peut être suggestive, mais certainement pas efficace. Ce genre de textes doivent être lus assis à son bureau. Et surtout, il faut bien ranger avant. Vos yeux doivent être tournés vers le texte, il ne faut pas se faire distraire par la confusion autour de vous. Mais il ne faut pas non plus exagérer. Le plus important est le facteur du bien-être. Assurez-vous de bénéficier également d'une bonne source de lumière. L'idéal serait une lumière directe qui illumine du haut le texte, en évitant ainsi les ombres gênantes. Une nappe imprimé fleurs n'est pas une bonne idée non plus. Les motifs « sauvages » empêchent de se concentrer.

Assurez-vous d'être confortablement assis sur votre chaise. Si un marathon de lecture vous attend, il est souhaitable de changer de chaise de temps en temps.

Lecture rapide

Faites également quelques exercices de relaxation pour la tension musculaire.

Prévenez de possibles interruptions et informez les gens qui sont avec vous que vous ne souhaitez pas être dérangé. Les sources de bruit et dérangement telles que la musique ou le smartphone doivent être éteintes, même si cela est difficile à faire. S'il y a des bruits dérangeants, vous risquerez de perdre le rythme ou le fil de votre pensée. Et vous le savez déjà très bien, cela est une perte de temps. Si vous êtes chargé de lecture, faites des pauses par-ci, par-là. Même les yeux de ceux qui sont habitués à la lecture rapide se fatiguent après un certain temps. Durant la pause, occupez-vous avec d'autres activités. L'important est de mettre en pause la lecture afin que vos yeux puissent se reposer.

Luca Corbara

Conclusion : les avantages de la lecture rapide

La lecture rapide offre de nombreux avantages. En plus de vous permettre d'obtenir des informations plus rapidement, elle vous donne également la possibilité de lire plusieurs textes en parallèle. Vu que, grâce à la lecture rapide, vous pourrez stocker plus d'informations, vous pourrez aussi enrichir votre vocabulaire. Ainsi, vous augmenterez vos connaissances et votre culture générale, ce qui est toujours très utile aussi bien dans le milieu académique que professionnel. Vous cumulerez des connaissances de base et spécifiques sur plusieurs sujets. Au travail vous pourrez briller grâce à vos compétences en matière et vous serez continuellement à jour.

Si vous avez un travail, vous pourrez utiliser le temps économisé pour améliorer vos compétences et commencer une nouvelle formation. Si vous êtes étudiant, vous pourrez fréquenter plus de cours et de séminaires, pour mieux vous préparer aux examens et terminer les études plus tôt. Dans votre vie privée vous aurez le temps pour lire de gros « pavés » ou pour cultiver vos hobbys. Vous pourrez aussi passer le temps gagné avec vos amis et votre famille, pour vous dédier aux belles choses de tous les jours.

Luca Corbara

Remerciements

Pour conclure, je voudrais vous remercier du fond du cœur pour avoir eu confiance en moi, dans mes expériences et dans mon travail, en choisissant de lire ce manuel.

Il a fallu des années pour acquérir toutes ces connaissances et j'ai essayé de vous les transmettre de la manière la plus claire et simple possible, pour vous aider dans votre parcours de vie.

J'espère que vous avez appris quelque

Lecture rapide

chose grâce à ce manuel, qui était délibérément concis et qui essaye d'aller à l'essentiel. Et que vous pourrez remarquer des changements positifs grâce à son contenu, à ses conseils et à ses astuces.

Je serais très ravi si vous pouviez laisser votre retour via un commentaire sur Amazon.

Avant de nous quitter, j'aimerais vous proposer un extrait d'un autre de mes livres. J'espère que cela vous plaira.

Je vous souhaite tout le meilleur pour votre avenir et j'espère vivement pourvoir vous aider avec mon expérience et mes conseils.

Avec toute mon affection,
Luca Corbara

Luca Corbara

EXTRAIT

Discipline

*Comment avoir plus de
discipline et de force de
volonté pour atteindre vos
objectifs et réaliser vos rêves*

par Luca Corbara

Lecture rapide

Avant-propos

Connaissez-vous la différence entre discipline et autodiscipline ? Aimeriez-vous travailler sur vos (anciennes) habitudes pour avoir plus de succès dans la vie ?

Ce manuel sur la discipline est exactement ce dont vous avez besoin pour enfin vivre sans soucis et sans stress ! Grâce à des exemples tirés de la vie de tous les jours, vous découvrirez comment surmonter vos insécurités et comment vous servir de quelques astuces lorsque la paresse est de retour.

Vous pouvez escalader n'importe quelle montagne, SI vous le voulez vraiment... et, comme cela arrive souvent dans la vie, le mot « SI » joue un rôle décisif cette fois-ci encore !

Tournez le dos aux manies d'autrefois et abandonnez les vieux alliés grâce à votre nouvelle force de volonté. Avec votre nouvelle motivation vous aurez un coup d'avance sur les autres et vous passerez vite du côté des gagnants !

Faite la différence. Il n'est jamais trop tard pour faire un travail sur soi. Grâce à mes années d'expérience et à votre courage d'agir contre le vortex d'une vie quotidienne floue et peu concluante, vous deviendrez enfin un vrai talent de l'organisation et vous gagnerez en détermination.

L'idée de mon manuel sur le perfectionnement personnel est de tirer le meilleur parti avec peu d'argent et peu d'efforts.

Laissez tomber les coachings et les séminaires coûteux qui, dans la plupart des cas, n'offrent pas de flexibilité et ils sont parfois plutôt impersonnels (car ils s'adressent à plusieurs personnes dans un groupe). Avec cet examen personnel vous ne serez inférieur à personne.

Luca Corbara

Introduction

Le saviez-vous que de simples habitudes peuvent être vraiment invalidantes ? Cela se voit très clairement dans toutes nos tâches en suspens et dans nos rêves personnels non réalisés.

Lecture rapide

« Ce dont le principe est en nous, il est aussi en notre pouvoir de le faire ou de ne pas le faire. » - Aristote (384-322 av. J.-C.)

Souffrez-vous de la soi-disant « remise au plus tard » (chronique) ? Dans le langage technique, ce phénomène est aussi appelé « procrastination », un concept indiquant l'habitude d'être réellement conscient de ses véritables priorités mais de s'occuper finalement des choses moins importantes. Au lieu de suivre votre To Do List, par exemple, vous vous concentrez sur votre portable avec toutes ses applications. Ou l'idée d'arroser vos plantes ou de ranger votre armoire vous vient d'un coup à l'esprit, au lieu de remplir votre déclaration de revenus ou de préparer le prochain examen.

Vous rendez-vous compte qu'une succession d'échecs peut faire peur à vos camarades, à vos amis mais aussi à votre famille, et que cela peut nuire à votre image ? Car, même si vous n'avez pas assez de succès, cela ne signifie pas que vous ne pourrez pas en avoir.

Vous avez déjà compris où je veux en venir. C'est à vous de vous découvrir, ce qui vous motive et votre impact extérieur.

À l'aide d'exemples claires et d'explications détaillées, vous réussirez à travailler sur votre perfectionnement en peu de temps et vous aurez vite une vie remplie de succès. Grâce à ce manuel vous apprendrez également que les associations d'idées négatives telles que « encadrement » ou « ennuis » n'ont rien à voir ici. Tout d'abord,

« discipline » signifie réveiller et garder votre capacité à persévérer pour obtenir ce qui vous a été attribué ou ce que vous vous êtes imposé. Et donc, atteindre vos objectifs. En outre, la discipline ne doit pas s'emparer de chaque aspect de votre vie. Être discipliné par rapport à une chose bien précise est plus qu'assez. Ces domaines pourraient être l'heure à laquelle vous vous couchez ou levé, mais aussi accomplir vos tâches professionnelles, ou votre alimentation, vos interactions sociales, etc.

Croyez en vous et gardez toujours à l'esprit vos objectifs, autrement vous resterez coincé dans le vortex du stress. La possibilité de changer les choses dépend de vous. Le plus important est d'être sincère avec vous et de donner à ses pages bienveillantes une chance pour changer votre vie. Nous allons commencer ensemble avec la source de tous nos maux, le fait de renier l'état des choses.

La clé de cet examen personnel repose dans le développement des stratégies individuelles que vous expérimenterez et mettrez en place lorsque ce sera le bon moment pour commencer à agir !

Discipline, à savoir autodiscipline

Les deux grands mots magiques « se fixer des objectifs » et « initiative personnelle » sont le b.a.-ba de toute personne à succès, en commençant par le consommateur moyen jusqu'aux top managers.

Les parents et les mères ou pères célibataires, par exemple, ont besoin d'énormément de self-control (= de la discipline, ou plus précisément de l'autodiscipline). Se réveiller chaque jour comme une fleur, s'occuper des enfants, satisfaire les exigences personnelles des autres qui changent tout le temps et organiser la vie familiale (faire le ménage, les linges, cuisiner et faire les courses, pour ne citer que quelques aspects), tout cela n'est certainement pas réalisable sans efforts.

Souvent ses propres exigences sont donc mises de côté. Afin de gérer toutes ces obligations du quotidien, il est nécessaire de se préfixer des objectifs et de définir également ses priorités. Tout ce que je viens de vous lister à titre d'exemple ne peut pas toujours être combiné, c'est-à-dire que tout n'est pas faisable en même temps. Et c'est exactement sur ce sujet qu'il faut s'attarder et se demander :

« Pourquoi suis-je stressé ?

Lecture rapide

Comment puis-je diminuer la charge psychologique ? Puis-je organiser le tas de choses à faire par catégories ? »

À l'entrée « discipline », certaines sources expliquent qu'il s'agit d'une attitude constante et auto-maîtrisée perpétuant dans une situation ou cause. Cela implique, entre autres, qu'il faut faire des efforts pour atteindre les objectifs préfixés.

Vos objectifs peuvent inclure : prendre la douche le matin, se brosser les dents le soir, se coucher à l'heure prévue sans s'endormir sur le canapé, manger moins de sucreries, faire plus d'activité physique au lieu de prendre tout le temps la voiture, l'ascenseur ou la livraison à domicile, mais aussi terminer ce qu'on a à faire, aussi bien dans la vie privée que professionnelle. Il y a

sûrement beaucoup d'autres domaines
que vous pourrez ajouter vous-même.

Les dictionnaires décrivent le « self-
control » comme une volonté maîtrisée
permettant de coordonner ses stimuli et
ses actions. Cela est également confirmé
par la citation d'Aristote qui affirmait
bien avant Jésus-Christ que chacun est
capable de *vouloir* (en se référant à la
volonté individuelle).

Des excuses telles que : **« Je n'y arrive
pas parce que je ne suis pas
capable »**, **« Je n'ai jamais dû faire
cela avant, pourquoi devrais-je
commencer maintenant ? »** ou
encore **« Je pourrais faire cela
demain ! »** sont des freins constants à
l'origine de la procrastination. Vous
reconnaissez-vous dans ces phrases ?

Lecture rapide

Ne vous êtes-vous jamais demandé pourquoi vous vous faites cela ? Procrastiner n'est qu'une satisfaction provisoire. Et un jour J, lorsque vous devrez montrer vos résultats, la pression sera au moins doublée et vous mettra à genoux. Le niveau de stress se multipliera et finalement vous vous serez fait du mal au lieu de vous aider.

Les *grands bosseurs*, qui sortent de chez eux le matin et ne sont généralement libres que le soir, sont souvent confrontés à un manque de temps libre. Une personne responsable ne prend pas au sérieux uniquement les obligations professionnelles mais prend également soin de sa vie privée. Cela inclut l'obligation de payer ses factures à temps, la vraie organisation de la vie domestique (faire face à ses propres moyens financiers), les tâches ménagères et prendre soin de ses amitiés. Ces grands bosseurs, comme j'aime les appeler, doivent trouver la motivation pour s'occuper de leurs obligations même le soir après le travail ou lors du weekend amplement mérité.

Dans ce genre de situations j'ai déjà entendu des phrases typiques telles que **« Tant pis pour lui qui sacrifie toute sa vie pour son travail et ses responsabilités ! »**. *Et celui qui prononce ces mots est généralement jaloux...* Après tout, n'importe qui serait heureux de toujours réussir à terminer ses tâches. En effet, vous savez bien qu'il existe dans la vie des choses bien plus belles que de s'occuper de tâches fastidieuses, mais que celles-ci aussi font partie de la vie.

Finalement, ce sont ces obligations

Lecture rapide

moins désirées qui nous permettent d'être bien. Travailler régulièrement, organiser sa vie domestique et faire attention à ceux qui nous entourent, ce sont tous des éléments essentiels pour devenir plus heureux.

Vos conditions extérieures doivent vous influencer positivement. Une maison jamais rangée, une voiture à mettre à la casse, des linges sales ou d'autres détails similaires ont un effet négatif sur votre bien-être. Au cas où vous ne le sauriez toujours pas, il est important d'y prêter attention.

Dans les sociétés il y a continuellement des occupations qui disparaissent. La plupart des cultures évoluent sans cesse. Aucune personne possédant un septième sens a suggéré (ou donné l'idée) aux hommes des cavernes qu'il était temps d'aller se procurer des réserves alimentaires pour l'hiver. L'être humain se construit à travers l'expérience et crée, dans le meilleur des cas, ses habitudes fixes qu'il optimise en fonction de ses objectifs. Aujourd'hui, nos *réserves* alimentaires sont devenues des produits surgelés, des conserves et de la viande séchée.

Un autre exemple sont les mécanismes que nous mettons en place au cours de nos vies selon nos obligations effectives. Le fait de se préparer le matin pour aller travailler, à l'école ou à l'université est un bon exemple parce que cela nous concerne plus au moins tous. Ma routine était la suivante : rituel du matin, douche, cuisine et tout droit vers le bureau avec une tasse de café ! Si un matin j'avais décidé de faire autrement et de boire le café avant la douche, je n'aurais pas pu respecter mes délais et j'aurais donc commencé à travailler plus tard que d'habitude (comment vous organisez-vous le matin ? Connaissez-vous ce type de routine et d'expériences ? Mettez-vous au défi !).

Tout en sachant que, en faisant ainsi, j'aurais dû commencer à travailler plus tard, parfois dans le passé je me suis retrouvé à boire le café avant de prendre la douche (tout simplement parce que j'aime plus boire le café avant). Toutefois, cela a eu comme seul résultat l'insatisfaction, car mes plans ont donc été décalés et j'ai perdu un temps précieux.

J'ai ainsi réfléchi à une solution, une solution qui demande plus de discipline. Aller me coucher un peu plus tôt le soir, me lever un peu plus tôt le lendemain et avoir ainsi tout le temps pour boire mon café avant de prendre la douche. Cela semble banal, n'est-ce pas ? Et pourtant, il faut beaucoup de force de volonté pour réussir, chaque jour, à se coucher plus tôt et à se lever plus tôt. Et vous savez sûrement de quoi je parle parce que cela vous est sans doute arrivé.

La satisfaction personnelle n'est pas un don divin ou quelque chose d'inné, mais une conséquence de nos actions. Chacun est responsable de sa propre vie. Vous aussi, vous avez donc une responsabilité décisive dans votre avenir. Certains pensent que la vie n'est qu'une fatalité. À mon avis, ce n'est pas toutefois ainsi.

Des indices fréquents pour démasquer ceux qui procrastinent et qui *lâchent l'affaire* sont des phrases telles que : **« Certains naissent minces et aisés »** (une association marrante, entre autres, puisque ces deux aspects ne sont pas forcément liés), **« Il y a des gens**

qui ont la chance de ne pas fumer », **« J'ai dû faire quelque chose de mauvais dans ma vie précédente »** ou encore **« Chacun porte son fardeau ! »**. À propos de cette dernière phrase, je voudrais dire tout de suite que c'est effectivement vrai (par exemple, dans le cas d'handicaps physiques ou mentaux). Cependant, tous ceux qui ne sont pas atteints d'un handicap sont capables de tirer le meilleur parti de n'importe quelle situation. Vous avez toutes les capacités pour profiter de la variété que la vie vous offre, peu importe la situation dans laquelle vous vous trouvez.

Nos émotions et nos actions sont strictement interconnectées. Nous ressentons avant tout un sentiment, ensuite nous pensons et agissons. Soyez conscient de cela : <u>**« Je pense, donc je**</u>

suis ! ». Ce que René Descartes disait autrefois avec sa phrase « ego cogito, ergo sum » a acquis une très grande valeur dans cette société frénétique.

Les *étudiants* d'aujourd'hui, constamment sous la pression des études et des résultats performants, n'oublient pas de *vivre*. Ne vous êtes-vous jamais demandé comment certains étudiants font pour avancer dans les études universitaires (ou d'autres personnes dans différents domaines de la vie), malgré leurs vies si souvent effrénées ? Moi, je me suis posé cette question mille fois et je me suis adressé à différents étudiants dans mon entourage d'amis et de connaissances. Certains d'entre eux m'ont répondu qu'ils planifient leurs tâches de sorte qu'ils puissent avoir le temps pour leurs responsabilités, mais aussi pour leurs progrès et leur temps libre. Les différentes activités et le temps nécessaire sont plutôt en harmonie.

Évidement il y a des périodes où il faut étudier plus. Il s'agit néanmoins d'études universitaires, de la vie étudiante, dont la composante principale est l'étude de différentes matières. Toutefois, les exigences et les intentions personnelles y trouvent quand même une place.

Même les gens *sans occupation* (pour ne pas faire référence exclusivement aux retraités ou aux chômeurs) qui ont à fixer des rendez-vous et qui ont volontairement (plus ou moins) renoncé au chômage, ce qui est tout à fait possible, peuvent facilement se stresser. Si on n'est pas actifs et que l'on n'a pas pris d'initiative depuis longtemps, on peut se sentir mal, tendus, bouleversés et submergés en relativement peu de temps. Même de petites tâches peuvent devenir de grands obstacles qui paraissent insurmontables... cela m'est déjà arrivé, lorsque j'ai eu de très longs congés et qu'ensuite je ne réussissais pas à reprendre ma vie en main. Au début, le fait de me reposer me semblait positif, mais ensuite la frustration est arrivée sans jamais se faire attendre longtemps. Mais je ne réussissais pas à trouver la motivation, et le poids de certaines choses augmentait jour après jour. Les linges restaient dans la machine à laver pendant des jours, et mes véritables résolutions restaient très loin de moi. Connaissez-vous aussi ce genre de situations ?

L'origine du sentiment d'insatisfaction est facile à déterminer. C'est l'absence d'un parcours, l'absence d'un but. Ne pas savoir ce qu'on veut peut mener à une sorte de paralysie. Débarrassez-vous de ces chaînes imaginaires tout en sachant toujours où vous voulez arriver. Réfléchissez-y un instant. Aujourd'hui vous êtes là où vous êtes parce que c'est là où vous avez mené vous-même. Certes, les influences externes ont favorisé telle ou telle chose, mais au final c'était à vous le choix d'aller là où votre vie vous menait au lieu de prendre activement en main la situation et d'aller vers une autre direction.

Le livre est disponible sur Amazon.

Luca Corbara

E-Book gratuit

Pour toi le link pour l'e-book gratuit
Copie le link dans ton browser et
télécharge-le

http://bit.ly/38eqPYy

Lecture rapide

Mentions légales

1édition

DiGi Generation GbR

Im Ebertswinkel 9

D-64683 Bensheim

ALLEMAGNE

Représentants légaux : Dr. Özgür
Dagdelen, Torben Gebbert

Courriel : hallo@digigeneration.de

Luca Corbara

Le contenu de ce livre a été étudié grâce à l'utilisation de sources reconnues et a été vérifié avec une grande attention. Cependant, l'auteur ne garantit aucune actualité, exactitude et exhaustivité des informations fournies. Les demandes de dommages-intérêts à l'égard de l'auteur qui se réfèrent à un préjudice médical, matériel ou idéal résultant de l'utilisation ou de la non-utilisation des informations signalées ici, ou de l'utilisation d'informations incorrectes ou incomplètes sont exclues en principe, à condition qu'il n'y ait pas de négligence grave intentionnelle démontrable de la part de l'auteur. Le contenu de ce livre ne doit pas remplacer une consultation médicale ou des soins médicaux professionnels.

Ce livre fait référence au contenu tiers. L'auteur déclare et confirme explicitement qu'au moment de la création du lien, il n'y a aucun contenu illégal dans les pages dont il existe un lien. L'auteur n'a aucune influence sur le contenu des liens. L'auteur se distancie donc expressément de tout le contenu des pages liées qui ont été modifiées depuis la création du lien. Pour les contenus illégaux, incorrects ou incomplets et notamment pour les dommages causés par l'utilisation ou la non-utilisation des informations représentées, seul l'exploitant de la page vers laquelle on est dirigés est responsable, et non l'auteur de ce livre.

Printed in Great Britain
by Amazon